50 ENGEL-GEDANKEN

CARIN REITERER   CARIN REITERER VERLAG

Bibliografische Information Der Deutschen Bibliothek

Die Deutsche Bibliothek verzeichnet diese Publikation
in der Deutschen Nationalbibliografie; detaillierte
bibliografische Daten sind im Internet über
http://dnb.ddb.de abrufbar.

Originalausgabe

Copyright © 2004 by Carin Reiterer

Umschlaggestaltung: Carin Reiterer

Satz: Carin Reiterer

Printed in Germany

ISBN 3-9807755-7-7

Herstellung: Books on Demand GmbH

Der Engel in mir

Ich wünsche Dir
einen Engel
denn
ein Engel
gibt immer acht
auf Dich
ein Engel
enttäuscht
Dich nicht
ein Engel
läßt Dich nie
im Stich
ein Engel
ist immer da
für Dich
ich wünsche Dir
einen Engel
wie mich

Hier und Heute

Vergangenheit
Gegenwart
Zukunft
verschwimmen
im
Hier
und
Heute

Andere Welt

Niemand
kann
mich
begleiten
wenn
Träume
mich
in
eine
andere
Welt
hinüberleiten

Loslassen

Sich

von

Unwesentlichem

und

Unwichtigem

trennen

Loslassen

Sich befreien

Loslassen
sich
befreien
von
Dingen
die
Dich
fesseln

Loslassen
sich
befreien
und
Du
wirst
frei
sein

Ruhe

Zur
Ruhe
kommen

gelassen

loslassen

Kreis

Laß
los

Schließ
den
Kreis

Eins

Meine
Seele
im
Gleichgewicht
eins
mit
mir
selbst
sein

Mitte

Schatten
werden
verschwinden
wenn
Du
lernst
Deine
Mitte
zu
finden

Vor dem Sturm

Einsamkeit
Stille

Genieße
die
Ruhe
vor
dem
Sturm

Ganz leise

Alles
wird
leise

Genieße
die
Stille
in
Dir

Verzauberter Augenblick

Absolute
Ruhe
die
Welt
steht
still

Verzauberter
Augenblick

Dieser Moment

Dieser
Moment
der
Stille

Eins
sein
mit
mir
selbst

Auf dem Weg

Lernen
die Stille
auszuhalten
auf
dem Weg
zu Dir

Allein

Auf
dem Weg
zu Dir
allein
mit mir

Engelslachen

Ein Engel
ist
ganz auf
seine Weise
still
und
leise
doch
wenn
Du
genau
hinhörst
hörst
Du
ihn
leise
lachen

Engelsgeduld

Hab
keine Angst
ich
nehme
Dich
an
die Hand
und
es
wird
Dir
nichts
geschehen
denn
ich
werde
mit
Dir
gehen
wohin
Dein Weg
Dich
auch
führt

Kein Wiedersehen

Hätte
ich
gewußt
daß
wir
uns
niemals
wiedersehen
hätte
ich
gewünscht
unser
letzter
gemeinsamer
Tag
würde
nie
enden

Nur im Traume

Ich
möchte
Dich
noch
einmal
sehen
und
sei
es
nur
im
Traume

Mutig

Dir
vertrauen
im
Wissen

Liebe
macht
verwundbar

Für einen Augenblick

Die
Zeit
bleibt
für
einen
Augenblick
stehen
wenn
wir
uns
in
die
Augen
sehen

Sei

Sei
das
Instrument
für
mein
schönstes
Lied

Wunder der Liebe

Du
bist
das
Wunder
der
Liebe

Suchen

Ich
suchte
die
Liebe
in
Dir
und
fand
die
Wahrheit
in
mir

Finden

Suche
das
Licht
in
Dir
und
Du
findest
das
Licht
in
mir

Weinen um Dich

Weinen

um

die vertane Zeit

weinen

um

die vergebenen Chancen

weinen

um

die vergeblichen Avancen

Weinen

um

Dich

Wirf mir
ein Leuchten
in
die Augen
und bring
sie
zum Strahlen
es ist
alles
so tief
vergraben
in mir
doch ich
grabe es aus
wegen Dir

Aus Liebe

Aus Liebe
werde
ich
mit
Dir
nichts
verpassen
aus Liebe
werde
ich
Dich
eines Tages
gehenlassen

Seifenblasen

Träume
zerplatzen
wie
Seifenblasen

Hellsichtig

Ich
bin
hellsichtig
und
sehe
Dinge
die
Du
noch
nicht
sehen
kannst

Geblendet

Der
Blitz
schlägt
ein
und
ich
bin
geblendet
von
Dir

Ich danke Dir

Ich war
in einer
hoffnungslosen
Situation
doch
Du hast
mich
gerettet
ohne es
zu wissen
vielleicht
auch
gar
nicht
beabsichtigt

Du kannst
nicht
wissen
was es
für
mich
bedeutet
hat
doch
Du hast
das Richtige
getan
und dafür
danke ich
Dir

Nur einmal

Es gibt
ein Leben
nach
einem gebrochenen Herzen
das hast
Du mir
gezeigt
nur
einmal
doch
das war
genug
und ich
werde Dich
nie
vergessen

Rettender Engel

Er
führt
Dich
aus
der
Finsternis
in
ein
noch
unbekanntes
Land
gib
ihm
Deine
Hand

Schutzengel

Ein Engel
weist Dir
den Weg
er teilt
mit Dir
die
hellen Tage
und
trägt Dich
durch
die
dunklen Tage
er gibt
mehr
als
er zurückverlangt
er gibt
sein Leben
für Dich

Begegnungen

Begegnungen
können
Angst
oder
Mut
machen

Heilsamer Schmerz

Hör
auf
Dein
Herz

Heilsamer
Schmerz

Schrankenlos

Allein
mit
meinen
Gedanken
gibt
es
keine
Schranken

Grenzenlos

Alles
ist
möglich
keine
Mühe
ist
vergeblich

Leben
ist
grenzenlos

Der Sinn des Lebens

Hoffnung
ist
oftmals
vergebens
sag
worin
liegt
der
Sinn
des
Lebens

Wahrheit

Ich sehe
ich verstehe
die Wahrheit
des Seins

Dunkelheit

Der
Dunkelheit
entronnen
der
Dunkelheit
entkommen

Endlich
wieder
Sonne
auf
der
Haut
spüren

Immer wieder

Immer
wieder
nach
dunklen
Tagen
einen
neuen
Anfang
wagen

Früher oder später

Aus
dem
Schatten
in
das
Licht
treten

früher
oder
später

Licht

Vergiß
die
Vergangenheit
nicht
doch
brich
nun
auf
zu
dem
Licht

Wer und wie

Auf
die
Gefahr
hin
alles
zu
verlieren
muß
man
akzeptieren
wer
und
wie
man
ist

Schicksal

Mit
Verzweiflung
ist
jetzt
Schluß
denn
es
kommt
alles
wie
es
kommen
muß

Gelassenheit

Das
Leben
annehmen
und
hinnehmen
und
so
nehmen
wie
es
ist

Gelassenheit

Angekommen

Frieden
mit
der
Vergangenheit
schließen
gelassen
in
die
Zukunft
blicken
angekommen
in
der
Gegenwart

im
Leben

Ein Engel wie meiner

Ich wünsche Dir
einen Engel
denn
ein Engel
schenkt Dir
sein Lachen
und
Du wirst
nie mehr
weinen
ich wünsche Dir
einen Engel
wie meinen